全国中等职业技术学校饭店服务专业

餐厅服务习题册

——与《餐厅服务（第四版）》配套

中国劳动社会保障出版社

简介

本习题册与全国中等职业技术学校饭店服务专业教材《餐厅服务（第四版）》配套使用。习题册按教材的章节顺序编写，包括名词解释、填空题、选择题、判断题、简答题等，题型丰富，难易适中，供学生课后练习使用。

本习题册由孔英丽主编。

图书在版编目(CIP)数据

餐厅服务习题册/孔英丽主编. —北京：中国劳动社会保障出版社，2016
全国中等职业技术学校饭店服务专业
ISBN 978-7-5167-2693-8

Ⅰ.①餐… Ⅱ.①孔… Ⅲ.①餐馆-商业服务-中等专业学校-习题集 Ⅳ.①F719.3-44

中国版本图书馆 CIP 数据核字(2016)第 179524 号

中国劳动社会保障出版社出版发行
（北京市惠新东街 1 号 邮政编码：100029）

*

三河市华骏印务包装有限公司印刷装订 新华书店经销

787 毫米×1092 毫米 16 开本 4.5 印张 105 千字
2016 年 7 月第 1 版 2024 年 1 月第 11 次印刷

定价：9.00 元

营销中心电话：400-606-6496
出版社网址：http://www.class.com.cn
http://jg.class.com.cn

目　录

第一章　餐厅与餐厅服务概述

第一节　餐 厅 概 述

一、名词解释

1. 餐厅

2. 正餐厅

二、填空题

1. 餐饮部可通过提高工作效率、____________和____________等措施，提高餐座的周转率和人均消费水平，最终使餐饮部的营业收入得到提升。

2. 从客人的角度分析，餐饮服务水平主要由____________和____________两大因素决定。

3. 大中型旅游饭店根据其餐饮内容、服务方式、规格水平的不同，大致可分为正餐厅、风味餐厅、____________、咖啡厅、____________、宴会厅和多功能厅。

三、选择题

1. 就目前国内星级饭店而言，餐厅营业收入约占整个饭店营业收入的（　　）。

A. 38％～40％　　B. 30％～40％　　C. 40％～45％　　D. 45％～50％

2. （　　）并非仅仅供应咖啡、饮料，它是一种规格较低的西餐厅，供应的食品比较简单，如面包、三明治、沙拉及有限的几种大众化主菜。

A. 咖啡厅　　B. 扒房　　C. 自助餐厅　　D. 零点餐厅

3. （　　）在环境布置及台面布置上既要舒适、干净，又要突出隆重热烈的气氛。

A. 主题餐厅　　B. 宴会厅　　C. 自助餐厅　　D. 多功能厅

4. （　　）是餐厅中面积最大、设备最齐全的大型厅堂。

A. 主题餐厅　　B. 宴会厅　　C. 自助餐厅　　D. 多功能厅

5. 清宫菜、清真菜、朝鲜族菜等一般属于（　　）供应的产品。

A. 正餐厅　　B. 风味餐厅　　C. 主题餐厅　　D. 多功能厅

6. （　　）在国外旅游饭店中较为多见，它以独特新奇的环境设计和装饰吸引客人。

A. 正餐厅　　B. 风味餐厅　　C. 主题餐厅　　D. 多功能厅

四、判断题

1. 饭店业内部的竞争日趋激烈，经营管理者竞相利用特色餐饮来吸引顾客。（　　）

2. 高超的厨房加工水平可以满足客人的基本生理需求，餐厅服务水平则影响客人在购买、接受实物产品时的精神状态和心理状态。（　　）

3. 饭店设立自助餐厅的主要目的是节约劳动力成本，同时也迎合某些客人自我服务的心理。（　　）

4. 主题餐厅经营内容专一，因此菜单内容较为简单。（　　）

五、简答题

1. 简要说明餐厅在饭店中的地位。

2. 餐厅组织结构的设置原则是什么？

3. 影响餐厅服务组织结构的因素有哪些？

第二节　餐厅服务概述

一、名词解释

1. 餐厅服务

2. 职业道德

二、填空题

1. 餐厅生产与销售的同步性，要求餐厅服务员必须具有双重技能，即__________和__________。

2. 提高__________和__________，树立餐厅良好的公众形象和社会声誉，是餐厅经营成功的关键。

3. 在执行清洁卫生制度方面，要坚持经常性和__________相结合的原则，做到清洁卫生工作制度化、标准化和经常化。

4. 餐厅服务的内容包括食品质量、礼貌礼节、服务态度、__________、服务技术技巧、__________等。

5. 专业素质主要包括__________和__________两个方面。

6. 餐厅服务人员应具备的基本观念有__________、__________、角色意识和建立良好的“客我关系”。

7. 要培养良好的职业道德，需要从职业认识、__________、__________、职业行为和习惯四个方面着手进行。

三、选择题

1. 服务上的（　　）具体表现为同一员工在不同时间、不同场合或对于不同对象所提供的同一餐饮产品或服务往往水平不一、质量不同。

A. 无形性　　B. 差异性　　C. 复杂性　　D. 多样性

2. （　　）反映了一个餐厅的精神风貌和文化修养，体现了餐厅及员工对客人的基本态度。

A. 服务态度　　B. 服务技巧　　C. 清洁卫生　　D. 礼貌礼节

3.（　　）是餐厅服务的基础和保证。

A. 服务态度　　B. 服务技巧　　C. 清洁卫生　　D. 食品质量

4. 对客服务的（　　），就是要把服务工作做得完善妥帖、细致入微、面面俱到。

A. 主动　　B. 热情　　C. 耐心　　D. 周到

5. 对客服务的（　　），就是要像对待自己的亲人一样，笑容常开，言语亲切，处处主动为客人服务。

A. 主动　　B. 热情　　C. 耐心　　D. 周到

6. 餐厅服务人员应掌握（　　），即要求其了解国内外各地区不同的风俗习惯、宗教信仰、民俗礼仪、饮食习惯和生活禁忌等。

A. 习俗知识　　B. 食品营养知识　　C. 社会科学知识　　D. 心理学知识

7. 餐厅服务人员应熟悉（　　），即要求其学习和掌握一些法律方面的知识（企业法、经济法、民法等）。

A. 菜肴酒水知识　　B. 食品营养知识　　C. 社会科学知识　　D. 习俗知识

四、判断题

1. 对餐厅就餐客人来说，他享受到的除了餐饮实物产品带来的饱腹感以外的舒适和满足，是有形服务的结果。（　　）

2. 没有食品质量的保证，餐厅服务就无从谈起。（　　）

3. 对客服务的“热情”，就是要掌握服务的规律，要有“自找麻烦”的思想，处处主动为客人服务。（　　）

4. 对客服务的“周到”，就是要在繁忙的对客服务中不急躁、不厌烦，态度和蔼，办事认真，处处表现真诚。（　　）

5. 服务技巧是指服务技术达到了娴熟的程度而熟能生巧，是服务技术的艺术化。（　　）

6. 服务人员的服务态度是服务水平的基本保证和重要标志。（　　）

7. 消费心理表明，就餐客人最不能容忍的事情就是等候，因此餐厅服务人员在服务中要讲究效率。（　　）

8. 没有正确的客我关系，就谈不上优质服务。（　　）

五、简答题

1. 餐饮经营的特殊性包括哪些内容？

2．餐厅服务的特点是什么？

3．餐厅服务的清洁卫生标准具体包括哪些？

4．餐厅服务人员的岗位职责包括什么内容？

5．餐厅服务人员应具备什么样的素质？

第二章　餐厅服务基本技能

第一节　托　　盘

一、名词解释

1. 轻托

2. 重托

二、填空题

1. 托盘是非常重要的服务工具，作为餐厅服务人员要养成“________”的良好职业习惯。

2. 托盘按形状分类，常见的有圆形托盘、________和________三类。

3. 托盘按质地分类，常见的有木质类托盘、________和________三类。

4. ________托盘经常作为收银盘或递送礼品时使用。

5. 装盘时根据物品体积的大小、________、________及取用的先后顺序，合理装盘。

6. 徒手端三盘时为了避免烫到手和手腕，上热菜时可在手部铺放________。

7. 重托的操作程序主要包括________、________、起盘、托盘、行走及卸盘六个环节。

三、选择题

1. 圆形托盘一般是餐厅最常见的托盘，因用途不同，尺寸也有所差异。一般圆形托盘的直径在（　　）厘米之间。

A. 20～40　　B. 30～50　　C. 40～50　　D. 50～60

2. 一次运送较多菜肴餐点或搬运较多餐具器皿时，经常使用（　　）。

A. 圆形托盘　　B. 小长方形托盘　　C. 大长方形托盘　　D. 椭圆形托盘

3. （　　）是端托的关键环节，一般要求是根据所用托盘的形状码放。用圆托盘时，码放的物品应呈圆形；用长方托盘时，码放的物品应横竖成行。

A. 装盘　　B. 起盘　　C. 托盘　　D. 卸盘

4.（　　）时，用食指、中指、无名指托住盘底，拇指和掌根鼓起部位压住盘边，以正常速度前进至桌前，双手朝桌面上轻放。

A. 徒手端四盘　　B. 徒手端三盘　　C. 徒手端双盘　　D. 徒手端单盘

5. 重托托起后，托盘应悬空举于左肩外上方，盘底约离肩（　　）厘米，盘前不近嘴，盘后不靠发。

A. 1　　B. 2　　C. 3　　D. 4

四、判断题

1. 通常为客人上菜、斟酒、收送餐具器皿、端送物品等都可使用圆形托盘。（　　）

2. 椭圆形托盘适用于较高级餐厅、酒吧或宴会。（　　）

3. 徒手端三盘可用食指勾托住盘底，拇指压住盘边，端起第一个盘子，用中指、无名指支撑，然后再用拇指和小指托住第二个盘，使其平稳。（　　）

4. 重托卸盘时要站稳双腿，腰部挺直，双膝弯曲，手腕和手臂向内旋转 180 度移动成轻托状后再进行。（　　）

5. 装盘时，切忌将物品无层次混乱码放，以免造成餐具的破损或者造成服务人员不必要的意外。（　　）

6. 目前，国内饭店为了安全起见使用重托的不多，一般用小型手推车递送重物，既省力又方便。（　　）

五、简答题

1. 轻托的操作方法和步骤是什么？

2. 托盘服务的注意事项包括什么内容？

第二节　餐巾折花

一、填空题

1. 按餐巾折花的不同装置物来分类，常见的餐巾折花有杯花、____________和____________。

2. 按餐巾折花的不同折叠造型来分类，常见的餐巾折花有植物类、____________和____________。

3. 宴会台面的花型可反映出季节的特色，如____________选用荷花等花型；____________选用菊花等花型；____________选用梅花等花型，使台面富有时令感。

4. ____________就是将餐巾的一角按照实际需要向某一方向翻起的一种技法。

5. ____________的基本要求是：棱角分明，头、嘴和颈的比例适中。

6. 直卷又称为____________，是将餐巾两边平行地卷在一起的方法，要求卷的平直、笔挺。

7. 宴会中主宾位上的餐巾花称为____________，宜选择品种名贵、折叠精细、美观醒目的花型，使主位更加突出，达到尊敬主宾的目的。

二、选择题

1. （　　）的餐巾吸水去污性能好，洗浆后挺括易折叠，造型效果好。

A. 棉布织品　　B. 棉麻织品　　C. 化纤织品　　D. 纬纱织品

2. （　　）的餐巾色彩艳丽，可满足各种主题宴会，使用较方便，清洗容易。

A. 棉布织品　　B. 棉麻织品　　C. 化纤织品　　D. 纬纱织品

3. （　　）就是先将餐巾叠好层次，后按顺序将餐巾一层一层掰出层次，形成花蕾状的一种技法。

A. 折　　B. 卷　　C. 掰　　D. 翻

4. （　　）主要用于鸟或其他动物的头部造型。具体方法是：首先用拇指、中指捏住餐巾巾角的顶端（一般为鸟颈的顶端），然后用食指将顶部按照一定比例向折缝内侧下压。

A. 折　　B. 捏　　C. 卷　　D. 翻

5. （　　）通常是在翻的基础上将餐巾的一部分牵引到外侧的一种技法，如鸟的翅膀、花瓣等。

A. 拉　　B. 卷　　C. 掰　　D. 翻

6. 选择餐巾折花时要根据客人的宗教信仰、习惯、爱好等有针对地选择花型，如接待日本客人不宜选用（　　）。

A. 荷花　　B. 菊花　　C. 蔷薇花　　D. 百合花

三、判断题

1. 目前餐巾折花的流行趋势是追求花型美观、挺括，以突出装饰台面的作用。（　　）

2. 餐巾实际使用较为普遍适宜的规格为 45～60 厘米见方。（　　）

3. 在选择餐巾折花时，如果冷拼是凤凰造型，则可选择各种鸟类花型，配在一起形成“百鸟朝凤”的台面。（　　）

4. 平行卷又称为斜角卷，它是将餐巾一头固定另一头卷动，或是一头少卷另一头多卷的方法。（　　）

5. 如果接待美国客人，在选择餐巾折花时不宜选用山茶花。（　　）

四、简答题

1. 餐巾的作用是什么？

2. 餐巾折花时应注意什么问题？

3. 在进行餐厅服务时，如何选择合适的餐巾折花？

4. 餐厅中常用的餐巾包括哪些？各有什么优缺点？

5. 餐巾折花的摆放要求是什么？

第三节　摆　　台

一、名词解释

摆台

二、填空题

1. 摆台按饮食习惯分类可分为中餐摆台、____________和____________。
2. 中餐摆台包括中餐零餐摆台、__________和__________三种。
3. 西餐摆台包括西餐便餐摆台和____________两种。
4. 中餐宴会摆台中所用的布草主要包括_________、台裙、__________和小毛巾等。
5. 宴会摆台时，_________需要确定在餐厅重点装饰的前面，要面对餐厅的出入口，这样可以招呼来宾。
6. 宴会摆台时_________一般安排在主人的右侧，以示尊重，同时也方便主人照顾主宾。
7. 一般铺台布的方法有抖铺式、__________、__________和肩上式四种。
8. 西餐宴会摆台中的布草主要包括_________、__________和餐巾等。

三、选择题

1. 中餐宴会摆台一般选用大圆台，质地有木质和金属支架软面两种。一般 8～10 位客人所选餐桌直径为（　　）厘米。

A. 160　　B. 180　　C. 200　　D. 220

2. 选择台裙时应考虑台布的颜色和质地，大小应以铺好后距地面（　　）厘米为宜。

A. 5　　B. 10　　C. 15　　D. 20

3. 宴会摆台时（　　）一般安排在主人的对面，靠近餐厅的出入口，这样可以方便出入，做好安排菜肴等其他工作。

A. 主人　　B. 副主人　　C. 主宾　　D. 副主宾

4. 西餐便餐摆台常用到的餐台一般为小方台，规格有（　　）两种。

A. 60 厘米×60 厘米，110 厘米×110 厘米

B. 70 厘米×70 厘米，110 厘米×110 厘米

C. 80 厘米×80 厘米，110 厘米×110 厘米

D. 90 厘米×90 厘米，110 厘米×110 厘米

5. 西餐宴会中，盆花或花瓶应摆在餐台的中心位置，高度以（　　）厘米以下为宜，以免影响客人的视线。

A. 26　　B. 30　　C. 35　　D. 38

6. 中餐宴会摆台时，（　　）一般摆放在餐位汤碗的下方即可。

A. 席位签　　B. 菜单　　C. 小包装牙签　　D. 装饰品

四、判断题

1. 中餐宴会餐具摆放顺序以方便客人使用和服务员摆放为原则。（　　）

2. 在进行中餐宴会摆台时，首先应确定客人身份。（　　）

3. 中餐宴会摆台确定好主人位和主宾位后，摆台时就可以从主人位开始，逆时针进行摆放了。（　　）

4. 中餐宴会一般会根据餐厅的档次和菜肴特色决定摆放餐具的件数。（　　）

5. 在进行西餐宴会摆台时，餐椅一般选择软面高靠背餐椅。（　　）

6. 在进行西餐摆台时，调味品、牙签应该按六人一套的标准进行摆放。注意距离均匀、对称、美观。（　　）

7. 选择台裙或底单时，颜色一般比台布颜色稍深，给人安全、稳固的感觉。两者的颜色要相互映衬，协调美观。（　　）

五、简答题

1. 摆台的基本要求包括哪些？

2. 中餐宴会摆台前的准备工作包括哪些内容？

3. 中餐宴会摆台前，如何确定宾主席位？

4. 西餐摆台的基本要领是什么？

第四节　酒水服务

一、名词解释

1. 酒

2. 蒸馏酒

3. 配制酒

二、填空题

1. 酒中最主要的成分是__________，俗称酒精。
2. 常见的非酒精饮料主要有__________和____________。
3. 西湖龙井产于杭州西湖，以狮峰龙井品质最佳。其特点是__________、汤郁、__________、形美，人称“四绝”。
4. 酒水降温的方法通常有____________、____________和溜杯三种。
5. 斟倒白酒时应站在客人身后右侧，酒液斟至杯的__________即可。
6. 斟倒红葡萄酒时站应在客人身后右侧，酒液斟至杯的__________即可。

三、选择题

1. 酒精浓度在（　　）的酒，如竹叶青酒、青梅酒、五加皮酒、白兰地酒和威士忌酒等，均属于中度酒。

A. 20 度以下　　B. 20 度以上　　C. 20～40 度　　D. 40 度以上

2. 常见的竹叶青酒、五加皮酒、青梅酒和各种药酒等都属于（　　）。

A. 蒸馏酒　　B. 发酵酒　　C. 浸制酒　　D. 配制酒

3. 常见的黄酒、啤酒、葡萄酒、日本清酒及大部分果酒等都属于（　　）。

A. 蒸馏酒　　B. 发酵酒　　C. 配制酒　　D. 浸制酒

4. 常见的中国白酒、威士忌、金酒、白兰地、朗姆酒、伏特加等都属于（　　）。

A. 蒸馏酒　　B. 发酵酒　　C. 配制酒　　D. 浸制酒

5. 啤酒、软饮料的饮用温度范围一般在（　　）。

A. 0～4℃　　B. 4～8℃　　C. 8～12℃　　D. 15～24℃

6. 红葡萄酒、中国白酒的饮用温度范围一般在（　　）。

A. 0～4℃　　B. 4～8℃　　C. 8～12℃　　D. 15～24℃

7. 干白葡萄酒的饮用温度范围一般在（　　）。

A. 0～4℃　　B. 4～8℃　　C. 8～12℃　　D. 15～24℃

8. 斟倒香槟酒时，斟酒量为酒杯的（　　）。

A. 1/2　　B. 1/3　　C. 2/3　　D. 3/4

四、判断题

1. 酒精浓度在 20 度以下的酒，如黄酒、葡萄酒、啤酒等均称为中度酒。（　　）
2. 示酒是斟酒服务的第一个程序，它标志着服务操作的开始。（　　）
3. 贵重酒水除示酒外还需要向客人展示瓶塞。（　　）
4. 客人订完酒后，应立即去酒吧取酒，不得超过 5 分钟。（　　）
5. 主人认可酒水品质后，按照“先宾后主、女士优先”的原则，依次为客人斟酒。（　　）
6. 温酒时将黄酒倒入温酒壶内，将温酒壶置于盛有开水的暖桶内，约 20 分钟后取出即可。（　　）

五、简答题

1. 常见的中国名茶有哪些？

2. 常见的酒是如何分类的？

3. 托盘斟酒的具体要求有哪些？

4. 斟酒服务的注意事项包括什么内容？

5. 简述红葡萄酒的服务程序与标准。

6. 简述香槟酒的服务程序与标准。

第五节 菜肴服务

一、名词解释

1. 餐位分菜法

2. 厨房分菜法

二、填空题

1. 为零餐客人提供菜肴服务时，冷盘应在客人点菜后__________分钟之内上桌。

2. 中餐分菜一般有四种方法：餐位分菜法、_____________、_____________和厨房分菜法。

3. 一般便宴上菜时可选择在_____________的右侧进行上菜，有利于副主人向客人介绍菜肴。

4. 中餐正式宴会上菜一般选在_____________和_____________之间，以免影响主人和主宾用餐。

5. 上菜要注意核对_____________和_____________，避免上错菜。

6. 服务员常用步法要求是：一般菜肴走常步；火候菜肴走疾步；汤汁菜肴走______；

遇到障碍走__________。

7. 西餐所有菜品上桌时均需遵循____________、____________的顺序依次进行。

8. 展示菜肴时，餐厅服务员应将菜肴的__________朝向客人，利用转台的旋转，按顺时针方向徐徐转动餐台一周后，再将菜肴分给客人。

三、选择题

1. 零点餐上菜时，第一道热菜一般在（　　）上到客人餐桌上，也可以根据客人要求灵活掌握。

A. 10 分钟之内　　B. 15 分钟或 20 分钟之内

C. 25 分钟之内　　D. 30 分钟之内

2. 一般宴会上菜时注意观察客人进餐情况，并控制上菜、出菜的节奏。如果是婚宴，则要快速在（　　）分钟之内上完所有的热菜。

A. 30～45　　B. 35～50　　C. 40～60　　D. 60～90

3. 西餐宴会上菜时，（　　）应该在开餐前 5 分钟左右送上。

A. 葡萄酒　　B. 咖啡　　C. 面包和黄油　　D. 色拉等开胃品

4. 西餐宴会菜肴中的副菜，一般是指以（　　）为主的菜品。

A. 面包黄油等　　B. 开胃品如色拉等

C. 鱼虾海味等　　D. 牛羊肉等

5. 西餐撤盘前需征得客人许可，还应注意客人刀、叉的摆放。如客人将刀、叉呈人字形搭放在餐盘两侧，表示客人（　　）。

A. 还要食用，不可撤盘　　B. 吃完这道菜，可以撤盘

C. 不再食用，可以撤盘　　D. 出去一下，马上回来

6. 小型宴会上菜时，冷盘需在宴会开始前（　　）分钟上好，客人入座开席后，当冷盘吃去 1/2 或 1/3 左右时，开始上第一道热菜。

A. 5　　B. 10　　C. 15　　D. 20

7. （　　）通常用来分较高档的炖品汤煲等菜肴，以显示宴席的规格和菜肴的名贵。

A. 餐位分菜法　　B. 转台分菜法　　C. 旁桌分菜法　　D. 厨房分菜法

四、判断题

1. 中餐零点上菜的顺序一般为“凉菜→热菜→大菜→汤菜→甜菜→点心→水果”。（　　）

2. 中餐宴会菜肴服务时应该选择在主人和主宾之间上菜。（　　）

3. 上菜过程中要注意菜品摆放的位置，各种菜品应对称协调摆放。（　　）

4. 西餐上菜一般用右手在客人左侧进行。（　　）

5. 西餐上甜品前需将主菜的餐具及盐、胡椒瓶、玻璃杯等撤去。（　　）

6. 西餐甜点用毕，从客人的左侧送上咖啡、茶。（　　）

7. 分菜的顺序一般有两种：一是先依次分送给主宾、副主宾、主人，然后按顺时针方向依次分送，先女后男；二是从主宾开始顺时针为每位客人分让。（　　）

8. 转台分菜法即在转盘上为客人分菜的一种方法。（　　）

五、简答题

1. 在菜肴服务中，点菜环节应该注意什么？

2. 分菜的基本要求有哪些？

3. 分菜的注意事项包括什么内容？

4. 中餐宴会上菜的要求是什么？

5. 中餐宴会分菜前的准备工作包括什么内容?

6. 西餐宴会的上菜顺序是什么?

7. 西餐宴会有哪些具体的上菜要求?

第六节　撤换餐用具服务

一、填空题

1. ________________是客人在就餐过程中一道必不可少的工序。

2. 撤换餐碟和汤碗的__________、次数、需求、方式等是餐厅服务人员必须掌握的一项技能。

3. 食用甜食或带糖汁、醋汁等菜肴之前需要________________。

4. 喝不同的汤时均需________。

5. 撤换餐碟时一般按照________方向依次进行。

二、选择题

1. 一般情况下，较高级的酒席席间最少需要撤换（　　）次餐碟，以显示宴会的规格和服务员的技艺。

A. 一　　B. 三　　C. 四　　D. 五

2. 撤换餐碟一般从（　　）开始。

A. 主宾　　B. 副主宾　　C. 主人　　D. 副主人

3. 撤换餐碟时，服务员应左手托盘，侧身站立于客人右后侧约（　　）厘米处。

A. 10　　B. 20　　C. 30　　D. 40

4. 撤换餐碟时一定注意（　　），注意手一定要仅触及餐碟的边缘部位。

A. 面带微笑　　B. 姿势优雅　　C. 动作利索　　D. 操作卫生

5. 以下哪种情况不需要为客人提供撤换餐碟服务？（　　）

A. 冷菜换吃热菜时　　B. 食用甜味菜肴时

C. 食用同类口味的菜肴时　　D. 食用不同口味菜肴时

三、判断题

1. 客人在就餐过程中，吃过冷菜换吃热菜时可根据情况撤换餐碟。（　　）

2. 客人在就餐过程中，吃过带骨头、带壳的菜肴时，如排骨、虾、螃蟹等，可根据情况撤换餐碟。（　　）

3. 无论是撤换餐碟还是汤碗，服务员均需要净手。（　　）

4. 餐厅服务员在撤换餐碟时，可根据情况选择使用托盘或者使用餐巾为其提供服务。（　　）

四、简答题

1. 撤换餐碟的注意事项有哪些？

2. 餐饮服务过程中，遇到哪些情况需要提供撤换餐碟、汤碗服务？

3. 简述为客人撤换餐碟、汤碗的步骤。

第三章 中餐服务

第一节 中餐与中餐服务概述

一、名词解释

团体包餐

二、填空题

1. 四川菜简称川菜，由____________和____________两地的地方菜组成，还包括乐山、江津、自贡、合川等地的地方菜。

2. 山东菜简称鲁菜，由____________和____________两地的地方菜发展而成。

3. 广东菜简称粤菜，以博采众长、取材广泛、形式多样而广为流传。它由广州、____________和________________三地的地方菜发展而成。

4. 江苏菜简称淮扬菜，由扬州、____________和________________三地的地方菜发展而成。其特点是：选料严谨，制作精细，注意配色，讲究造型，菜肴四季有别。

5. 福建菜简称闽菜，多以____________为原料，素以选料精细、刀工严谨、讲究火候、色调美观、滋味清鲜著称。

6. 中式菜点自成一家，它与____________、____________齐名，并称为世界烹饪的三大风味。

7. 中餐服务方式按进餐的种类分有零餐服务、____________和________________三种形式。

8. 宴会服务是中餐接待中标准较高，要求很严格的一种服务方式。它的最高表现形式是____________。

三、选择题

1. (　　)是浙江菜的代表名菜。

   A. 片皮乳猪　　B. 白云猪手　　C. 腊味合蒸　　D. 东坡肉

2. (　　)是广东菜的代表名菜。

   A. 宫保鸡丁　　B. 油爆双脆　　C. 糖醋咕噜肉　　D. 松鼠鳜鱼

3. (　　)是福建菜的代表名菜。

A. 佛跳墙　　B. 腊味合蒸　　C. 锅烧肘子　　D. 东坡肉

4.（　　）是湖南菜的代表名菜。

A. 锅烧肘子　　B. 腊味合蒸　　C. 猪肚包鸡　　D. 东坡肉

5.（　　）烹调方法擅长炖、焖、烧、炒，又重视调汤，保持原汁，风味清鲜，肥而不腻，淡而不薄，酥烂脱骨而不失其形，滑嫩爽脆而不失其味。

A. 江苏菜　　B. 四川菜　　C. 山东菜　　D. 粤菜

6.（　　）擅长制作山珍野味，精于烧、炖、烟熏和糖调，重油，重色，重火功，原汁原味，山乡风味浓郁。

A. 浙江菜　　B. 江苏菜　　C. 安徽菜　　D. 广东菜

四、判断题

1. 四川菜的最大特点是十分注重调味，多用三椒，即花椒、辣椒、胡椒，以麻辣味厚重著称。（　　）

2. 零餐服务是餐厅接待中最经常最主要的接待服务方式，它对服务员的要求较高。（　　）

3. 由于行业工作需要，中餐服务员在当班期间不允许带饰品，特别是耳环、手链、脚链等，但是手表和订婚戒指除外。（　　）

4. 西湖醋鱼是浙江菜的代表名菜。（　　）

五、简答题

1. 中餐厅的特点是什么？

2. 简述迎客服务的规范及礼仪要求。

3. 餐厅服务中对当班服务员的仪容仪表有什么要求？

第二节　中餐零餐服务

一、名词解释

1. 中餐零餐服务

2. 茶市服务

二、填空题

1. ____________是餐厅接待中最普遍、最经常的一项服务工作，在整个餐厅服务中占有很大的比重。

2. 中餐零餐服务的特点包括就餐时间的随意性、就餐要求的____________和就餐场所的____________三方面。

3. 零点餐厅午晚餐的餐前准备工作内容很多，包括召开班前会、________________等。

4. 引领客人的工作通常由引领员来完成。一般的引领原则是：先里后外、________、____________。

5. 菜点服务时要遵循“上菜不准推、______________”的原则，严禁菜盘从客人头上越过。

6. 餐后服务工作包括结账收款、________________、______________等内容。

三、选择题

1. 点菜时，服务人员应礼貌地站在客人的侧后方（　　）厘米处，认真倾听客人选定的菜点名称，并及时记录。

A. 30　　B. 40　　C. 50　　D. 60

2. 提供酒水服务时，首先根据客人所订酒水的品种，送上合适的杯具，酒杯一般放在水杯的（　　）。

A. 前方　　B. 下方　　C. 右侧　　D. 左侧

3. 中餐零点服务时，上（　　）的时机要视客人用餐情况和要求而定。

A. 冷菜　　B. 热菜　　C. 点心　　D. 主食

4. 中餐零点菜点服务最重要的一点是要保证菜肴应有的（　　）。

A. 颜色　　B. 温度　　C. 形状　　D. 口味

5. 在用餐高峰期，引领员对待候座的客人要（　　），要根据客人到达和登记的先后次序安排他们入座。

A. 公平　　B. 耐心　　C. 周到　　D. 热情

四、判断题

1. 中餐零餐服务具有不可预见性，常会给服务工作造成一定的难度。　（　　）

2. 开餐服务是服务人员接触客人的第一个环节，服务人员要认真对待，真心服务，力争在此环节给客人留下良好的第一印象。　（　　）

3. 引领员应将先来的客人往餐厅里档领，使上客高峰时门口不堵塞，也有利于安排后来的客人。　（　　）

4. 上有配食佐料的菜肴时，应将主菜与配汁同时上桌，或者是先上主菜再上佐料。　（　　）

5. 收台时应按先口布、毛巾，后碗碟、筷子、酒水杯的顺序分类收拾。　（　　）

6. 上完最后一道菜时应该提醒客人："您的菜上齐了，请慢用!"，让客人心中有数。　（　　）

五、简答题

1. 广东较为流行早茶服务，它的开餐服务包括哪些内容？

2. 零点餐厅午晚餐的餐前准备工作内容有哪些？

3. 中餐早茶服务的餐后工作包括什么内容？

第三节　团体包餐服务

一、名词解释

1. 旅游包餐

2. 会议包餐

二、填空题

1. 团体包餐的种类很多，常见的团体包餐有______________、______________和其他类型的包餐等。

2. 任何团体包餐都需要事先预订，其预订的方式主要有______________、________、上门预订等三种。

3. 上菜时要报清楚菜名，上特色菜时要简单介绍其风味或______________。

4. 团体包餐客人的餐费一般由___________集体结账。

5. 客人全部离店后，服务人员要_____________，做好结束收尾工作。

三、选择题

1. 会议包餐的特点是（　　），以日常便餐为主。

A. 进餐标准低　　B. 就餐时间灵活　　C. 简单快捷　　D. 不提供酒水

2. （　　）不同于零点餐厅可以随到随吃。因为团体就餐人数多，就餐标准统一，所以需事先预订，使餐厅和厨房有一定的准备。

A. 自助餐厅　　B. 团体包餐　　C. 宴会厅　　D. 西餐厅

3. （　　）适合与餐厅有长期进餐协议的旅行社和其他团体，餐厅对预订人、预订单位较熟悉。

A. 电话预订　　B. 信函预订　　C. 上门预订　　D. 当面预订

4. （　　）适合社区内的企事业单位和其他社会团体进行团体包餐预订。

A. 电话预订　　B. 信函预订　　C. 上门预订　　D. 当面预订

5. （　　）一般不追求豪华与享受，菜式品种较简单，席间也不需过多的就餐礼仪。

A. 零餐　　B. 自助餐　　C. 团体包餐　　D. 会议餐

四、判断题

1. 会议包餐的进餐标准虽然不高，但要求口味大众化，菜品可口。　　（　　）

2. 如果会议或旅游团队连续几天在此就餐，在菜单拟定时应做到每餐不同，各有特色。 （ ）

3. 团体包餐一般都饮酒，服务人员应事先将酒水连同开瓶用具一起整齐地码放在服务桌上。 （ ）

4. 提供团体包餐服务时，一般本桌客人到齐后，服务员即可通知厨房出菜。 （ ）

5. 团体包餐服务如遇个别客人添加酒、菜时，服务员应提前及时告知客人团餐费用不包含此部分，等客人就餐完毕应另外结账收款。 （ ）

五、简答题

1. 团体包餐的特点是什么？

2. 团体包餐的餐前准备工作包括什么内容？

3. 团体包餐预订需要确认的内容有哪些？

第四章　西餐服务

第一节　西餐简介

一、名词解释

西餐

二、填空题

1. 牛羊肉通常五种不同的成熟度，即全熟、____________、________________、三成熟和一成熟。

2. 西餐均提供____________服务，重视卫生和健康。

3. 西餐中的汤分为____________和____________。

4. 英国菜包括英格兰菜、____________、____________和北爱尔兰菜。

5. 脊骨两旁的牛肉是整只牛的肌肉中最好的部分，称之为____________，西餐常用它制作牛扒。

6. 西餐的____________是指一餐中最实质性的菜肴。

三、选择题

1. 西餐烹调方法独特，其中（　　）最为典型，扒制过的食物可产生浓郁的焦香气味。

A. 铁扒　　B. 烧烤　　C. 焗　　D. 炖

2. 乌兹别克扒羊肉是（　　）的著名菜肴。

A. 法国　　B. 美国　　C. 英国　　D. 俄罗斯

3. 西餐最后的菜品一般都是（　　）。

A. 副菜　　B. 主菜　　C. 甜点　　D. 水果

4. 鹅肝酱是（　　）的著名菜肴。

A. 法国　　B. 美国　　C. 英国　　D. 意大利

5. 秋葵浓汤是（　　）的著名菜肴。

A. 法国　　B. 美国　　C. 英国　　D. 意大利

6. 培根肉土豆是（　　）的著名菜肴。

A. 法国　　B. 美国　　C. 英国　　D. 意大利

四、判断题

1. 西餐中素有“西餐之母”之称的是法国菜。（　　）
2. 现今西餐之主流是意大利菜。（　　）
3. 西餐菜肴选择原料力求新鲜，注重天然健康；菜肴制作追求营养丰富，口味清淡。（　　）
4. 西菜常用葡萄酒作调料，烹调时讲究以酒配菜，做什么菜用什么酒。（　　）
5. 西餐餐具摆放规范，质地精美，常用高档的钢制餐具、镀银餐具和纯银餐具等。（　　）
6. 西餐的餐后甜点常见的有冰淇淋、布丁等。（　　）

五、简答题

1. 西餐的特点是什么？

2. 法式菜包括哪些主要菜式？它们的特点是什么？

3. 美式菜包括哪些主要菜式？它们的特点是什么？

4. 意大利菜包括哪些主要菜式？它们的特点是什么？

第二节　西餐服务方式

一、名词解释

1. 西餐服务

2. 法式服务

3. 英式服务

二、填空题

1. 现在常见的西餐服务方式包括__________、__________、俄式服务和英式服务等服务方式。

2. 传统的__________，是在西餐服务中最豪华、最细致和最周密的服务。

3. 法式服务大量使用__________，而且种类多、材质好，还有一般餐厅较少见的龙虾叉、田螺夹、田螺叉、洗手盅等银器。

4. 在法式服务中，除面包、黄油、沙拉和一些必须放在客人左边的东西外，其他一律从__________送上。

5. 俄式服务分菜时从主人__________开始，以逆时针方向为客人做分菜服务。

6. ________服务家庭气氛很浓，许多服务工作由客人自己动手，用餐的节奏较缓慢。

7. 英式服务中的________通常是由女主人分好，服务员进行装饰后再递给客人。

8. 英式服务中的所有__________都是由男主人来调和并服务。

三、选择题

1. （　　）是一种快速且经济的餐饮服务方式，一名服务员可以同时为很多客人服务，成本较低。

A. 美式服务　　B. 英式服务　　C. 法式服务　　D. 俄式服务

2. （　　）于20世纪初创立的。

A. 美式服务　　B. 英式服务　　C. 法式服务　　D. 俄式服务

3. 法式服务摆放公用具时，摆放佐餐用的糖盅、胡椒罐、盐罐，不摆放（　　）。

A. 花盆　　B. 咖啡杯　　C. 烛台　　D. 鲜花

4. 法式服务时，净手盅内只放（　　）的温水以免溅出，在温水中常放入一小片柠檬或花瓣。

A. 1/4　　B. 2/3　　C. 1/3　　D. 1/2

5. （　　）服务迅速，费用比较节省，但同样能显示其优雅、讲究的特点。

A. 美式服务　　B. 英式服务　　C. 法式服务　　D. 俄式服务

6. 尽管俄式服务是一种比较节省的服务方式，但开始时（　　）的投资仍是比较大的。

A. 公用具　　B. 水晶杯　　C. 银制餐具　　D. 鲜花

7. （　　）是将食物全部在厨房准备好，并将食物整齐地摆在大银盘里，然后由服务员把大银盘端进餐厅，为客人服务，因此此服务方式又称为银盘式服务。

A. 美式服务　　B. 英式服务　　C. 法式服务　　D. 俄式服务

四、判断题

1. 法式服务兴起于 19 世纪初期。（　　）

2. 俄式服务适合于翻台次数频繁的餐厅，如一般的咖啡厅、西餐厅、牛排馆或一般式宴会厅等。（　　）

3. 法式服务的上菜顺序是开胃菜、汤、主菜、配菜、烧烤、沙拉、甜品、咖啡。（　　）

4. 俄式服务倒酒或饮料时，要从客人左侧进行，以顺时针方向依序服务。（　　）

5. 英式服务总是从右边服务，清理盘碗却是从左边开始。这与其他西餐服务方式是有区别的。（　　）

6. 美式服务不要求服务员有较高的服务技巧，但服务员要有大量的时间用于清理客人的餐台，如撤下空盘、更换公用叉勺、撤换客人的残盘等。（　　）

五、简答题

1. 美式服务的优缺点是什么？

2. 法式服务的特点包括什么内容？

3. 法式服务的优缺点是什么？

4. 俄式服务具有什么样的特点？

5. 简述英式服务的服务程序。

6. 简述英式服务的优缺点。

第三节　零点餐厅服务

一、填空题

1. 咖啡厅早餐摆台时，将咖啡杯垫上杯垫，整套咖啡具摆在餐刀________，距餐桌边 4 厘米。

2. 扒房的色彩多以________为基调，地毯、餐椅、墙壁要求色调协调。

3. 扒房的背景音乐主要播放世界古典名曲，有时安排________现场演奏或________桌边表演。

4. 扒房服务员以＿＿＿＿＿＿为主，着西装戴领结，或穿燕尾服戴领结。

5. 扒房的＿＿＿＿＿比较豪华，如羊皮扶手沙发、精制方形或长方形餐桌、法兰绒桌垫等。

6. 西餐服务员应上前招呼客人，帮助其就座，拉椅时要按照“＿＿＿＿＿＿”的原则将其安排在面朝餐厅的最佳位置。

7. 服务员把餐巾打开铺在客人的膝上，按＿＿＿＿＿＿、＿＿＿＿＿＿＿的次序顺时针方向依次进行。

二、选择题

1. 咖啡厅早餐摆台时，需将花瓶、台号牌、糖盅、胡椒瓶等集中摆于（　　）。

A. 餐桌的中心位置　　B. 餐桌边缘

C. 餐盘之间　　D. 酒杯上方

2. 领位时应走在客人前方约（　　）米处，且不时回头，把握好客人与自己的距离，切忌只顾自己在前面走，而把客人落在后面。

A. 1　　B. 1.5　　C. 2　　D. 2.5

3. 餐前酒水服务时，开单后，应尽快将酒水送到客人桌上，按照国际标准，时间不应超过（　　）分钟。

A. 1　　B. 2　　C. 3　　D. 5

4. 在一般情况下，扒房是由（　　）接受客人点菜。

A. 服务员　　B. 传菜员　　C. 领班　　D. 主管

5. 客人点完菜后，服务员按照女士优先的原则上（　　）。

A. 调味品　　B. 鲜花　　C. 黄油和面包　　D. 酒水和色拉

6. 西餐中的（　　）均须趁热供应，并随时准备添加。在客人离桌前，所有酒杯均应保持原位不动，待客离去后再撤。

A. 黄油和面包　　B. 咖啡与茶　　C. 各式菜肴　　D. 各种酒水

三、判断题

1. 咖啡厅的布置要求高雅、富丽、神秘并具有独特风格，一般的设计主题以欧洲文化艺术为背景。（　　）

2. 扒房的吸顶灯、吊灯、壁灯的亮度均能调节，开餐时调得很暗，以餐桌上的烛光照明为主。（　　）

3. 扒房所使用的餐具、服务器具既高档又专业化。（　　）

4. 扒房点菜时，若客人点法国洋葱汤，要问清是否配柏尔玛干酪。（　　）

5. 扒房点菜时，若客人点沙拉，要问清搭配何种沙拉汁。（　　）

6. 客人点牛排、羊排时，应注意询问生熟程度。（　　）

7. 在一桌有很多客人的情况下，往往需要在草稿纸上画出餐位示意图，按图用缩写或符号记下客人要求，以防止上错酒水。（　　）

8. 当客人菜肴上齐时，领班可以去账台通知收款员汇总账单。（　　）

四、简答题

1. 简要说明咖啡厅午晚餐服务程序。

2. 西餐扒房如何为客人提供葡萄酒服务？

3. 西餐扒房的服务程序包括什么？

4. 扒房的结账收款环节包括什么工作内容？

第四节　自助餐厅服务

一、名词解释

自助餐

二、填空题

1. 自助餐是以__________作为计费标准，而不是按所选用的菜量计算。

2. 自助餐的服务比较简单，不需要提供细致、周到的__________。

3. 自助餐厅非常讲究__________的设计与摆放。

4. 自助餐台也叫____________，可以安排在餐厅的中间或靠墙的一边，也可以放在餐厅一角。

5. 自助餐台常见台型有I型台、____________、____________和其他台形。

6. 自助餐设计餐桌时以两人、四人、六人就餐时所用的__________居多，也可安排少量大圆台在适当的位置。

三、选择题

1. 根据特别活动而设的自助餐应按其（　　）进行环境和餐桌布置。

A. 餐厅形状　　B. 客人要求　　C. 主题　　D. 季节

2. 自助餐台位置的安排首先考虑（　　），避免客人选择菜肴时拥挤堵塞。

A. 客人取菜时的人流走向　　B. 餐厅形状

C. 整体美观　　D. 客人要求

3. 自助餐台的台布要下垂至离地面（　　）厘米处，既要遮住台角，又不能让人踩着。铺好台布后再围上台裙。

A. 2　　B. 5　　C. 7～8　　D. 10

4. 自助餐台摆放餐盘时，所有餐盘不得伸出台边，一般距台边（　　）厘米左右。

A. 5　　B. 10　　C. 15　　D. 20

5. 高档自助餐客人吃完食品和甜品，服务人员要询问客人是否需要（　　），然后为客人提供。

A. 咖啡、茶　　B. 饮料、酒水　　C. 牙签、烟灰缸　　D. 餐巾纸、小毛巾

6. 自助餐台摆放时，一般（　　）放于自助餐台最前端（即靠近入口处的一端），注意叠放要整齐，不可堆放太高，以免倒塌。

A. 汤碗　　B. 餐盘　　C. 杯子　　D. 筷子

四、判断题

1. 自助餐式服务是一种越来越受欢迎也越来越流行的食品服务方式。 (　　)
2. 自助餐服务具有菜肴丰富、陈列精美、能引起人们的食欲等优点。 (　　)
3. 自助餐台要布置在显眼的地方，可用彩色灯光照射台面。 (　　)
4. 有的自助餐厅会配备歌手、乐团等来进行现场表演，以烘托用餐气氛。 (　　)
5. 夏天时，自助餐台的热菜不需要保温。 (　　)
6. 自助餐的甜食和水果可以单独设台，也可以用分格子大盘盛装。 (　　)

五、简答题

1. 自助餐厅服务的特点是什么？

2. 简要说明自助餐厅服务员如何为客人提供就餐服务。

3. 在自助餐厅里，怎样摆放与布置餐台？

4. 在自助餐厅里，怎样摆放与布置餐桌餐椅？

5. 自助餐服务的优点是什么？

第五章　宴会服务

第一节　宴会概述

一、名词解释

1. 宴会

2. 公务宴会

3. 商务宴会

4. 答谢宴会

二、填空题

1. 宴会具有聚餐式、__________、__________和礼仪性等特点。
2. 公务宴会的最高形式是__________。
3. 结婚庆典、生日祝寿、孩子满月、乔迁大喜、庆功表彰等均属于__________。
4. __________宴会常和乡村旅游紧密相关，并受其影响较大。
5. 我国宴会都是在多人围坐、亲切交谈的氛围中进行的，它一般采用__________。
6. __________是指宴会主办人为了纪念某一重大事件或与自己密切相关的人或事而举办的宴会。

三、选择题

1. （　　）是企业间沟通与合作的桥梁。

A. 公务宴会　　B. 商务宴会　　C. 喜庆宴会　　D. 节日宴会

2.（　　）以怀旧复古为主题，通过历史的再现，给客人以身临其境的感受。

A. 保健养生宴会　　B. 仿古类宴会　　C. 民俗风情宴会　　D. 纪念宴会

3.（　　）以追求健康餐饮为目的。除了就餐的环境和设施有利于客人的健康外，在菜肴的选择和烹饪上也从营养、卫生、生态和健康的角度出发，达到通过餐饮为客人健康服务的目的。

A. 保健养生宴会　　B. 仿古类宴会　　C. 民俗风情宴会　　D. 纪念宴会

4.（　　）是宴会很重要的一个特征，它主要指宴会的形式。

A. 社交性　　B. 规格化　　C. 聚餐式　　D. 礼仪性

5.（　　）的最大特点是表达主人感谢的诚意，所以宴会档次相对较高，就餐环境要求优雅、安静。

A. 答谢宴会　　B. 喜庆宴会　　C. 节日宴会　　D. 纪念宴会

6.（　　）的办宴目的有告别、辞行、接风、洗尘等，它在人际交往中非常重要。

A. 迎送宴会　　B. 答谢宴会　　C. 节日宴会　　D. 纪念宴会

四、判断题

1. 宴会服务工作的好与坏，直接影响着饭店的营业收入和企业形象，对饭店的经济效益和社会效益有着十分重要的意义。（　　）

2. 所谓“设宴待宾客，无礼不成席”，指的是宴会的礼仪性特征。（　　）

3. 宴会就餐人数习惯取双数，十人一桌的形式最为常见，象征十全十美。（　　）

4. 中餐宴会餐桌大多选用大圆桌，象征团团圆圆、和和美美。（　　）

5. 迎送宴会在宴会环境布置上应突出纪念对象的标志，利用纪念物、怀旧照片、相关作品和熟悉的音乐等来烘托思念、纪念的气氛。（　　）

6. “中秋佳宴”“除夕团圆宴”等均属于纪念宴会。（　　）

五、简答题

1. 宴会的礼仪性特征包含哪两层意思？

2. 常见的仿古类宴会有哪些？

3. 什么是节日宴会？常见的节日宴会有哪些？

第二节　宴会预订

一、名词解释

1. 宴会预订方式

2. 暂时性宴会预订确认

二、填空题

1. 规模较大的饭店通常设有专门的__________来推销宴会服务。

2. 大型豪华宾馆、饭店的宴会部一般可根据需要设立专门的____________，具体负责宴会的预订工作。

3. 规模不大的饭店，__________同时具有推销宴会的功能，以服务带销售。

4. 宴会预订定金金额一般为宴会全额的____________，并告诉客人若超过本饭店规定的时间取消宴会，定金将不予偿还。

5. 宴会预订确认分为____________宴会预订确认和____________宴会预订确认。

6. 接受宴会预订主要是通过填写__________来完成的。

7. 因各饭店宴会部或宴会厅的规模、档次、风格以及管理模式、方法的不同，宴会预订单的____________和____________也不尽相同。

三、选择题

1. （　　）适合短期预订或小规模的宴会预订。

A. 宴会销售部　　B. 宴会预订部　　C. 餐饮部　　D. 公关部

2. （　　）比较适合承接提前较长时间的宴会预订。

A. 宴会销售部　　B. 宴会预订部　　C. 餐饮部　　D. 公关部

3.（　　）是饭店与客户联络的主要方法，它常用于小型宴会预订。

A. 面谈　　B. 电话预订　　C. 登门拜访　　D. 信函

4.（　　）是进行宴会预订较为有效的方法。它常用于大中型宴会、重要宴会和贵宾宴会的预订。

A. 面谈　　B. 电话预订　　C. 登门拜访　　D. 信函

5.（　　）是饭店与客户联络的另一种方式，它常用于促销活动、回复客人询问、寄送确认单等，适合于提前较长时间的预订。

A. 面谈　　B. 电话预订　　C. 登门拜访　　D. 信函

6. 宴会预订人必须在宴会前一周提供参加宴会的准确人数。对于确认后届时不到的客人，将按全价的（　　）收费。

A. 30%　　B. 50%　　C. 70%　　D. 100%

四、判断题

1. 公关销售人员除负责预订外，可视情况直接参与宴会服务工作。（　　）

2. 若在宴会前一周通知饭店取消预订，可以不收取任何费用；若在宴会前三天通知取消宴会，定金将不予退还。（　　）

3. 为了保证大型宴会活动预订的成功率，饭店可要求已确定宴会日期的顾客预付一定数量的订金。（　　）

4. 饭店的常客且享有良好信誉者，可以酌情不付定金。（　　）

5. 双方若要变动宴会事宜，应及时通知彼此，经协商后另行确定。无法更改的，以签订的合约为准。（　　）

五、简答题

1. 常见的宴会预订方式都有什么？

2. 宴会预订程序包括哪些？

3. 在宴会预订时，应向客人说明哪些预订制度？

4. 接到宴会通知单后，举办宴会的相关部门应做好哪些工作？

第三节　中餐宴会服务

一、填空题

1. 中餐宴会服务的特点包括宴会服务的系统化、宴会服务的__________和宴会服务的__________。

2. 八桌宴会的台型可根据宴会厅的形状摆放成__________、__________或二三三的形状。

3. 超过______的宴会一般应在主桌的后侧设讲话台和麦克风供宾主讲话致辞用。

4. 宴会准备工作的“三了解”，包括了解客人的风俗习惯，了解客人的____________，了解客人的______________。

5. 宴会厅的温度冬季应保持在____________之间。

6. 宴会厅的台形布置注意突出主桌，按照“中心第一、____________、__________________”的原则来设计。

7. 宴会迎宾工作包括热情迎宾、______________和____________三个环节。

8. 若是有外宾参加的宴会还应设有______________，一般设在致辞台的右侧位置。

二、选择题

1. 宴会厅的气味应清新，温度应适宜。夏季一般保持在（　　）之间。
   A. 18～20℃　　B. 20～22℃　　C. 22～24℃　　D. 24～26℃

2. 大型宴会，值台服务员在开宴前（　　）分钟左右摆好冷盘。
   A. 5　　B. 10　　C. 15　　D. 20

3. 大型宴会服务员应在开宴前（　　）分钟左右斟好果酒，然后站在各自服务的餐台旁等候客人入席。

A. 5　　B. 10　　C. 15　　D. 20

4. 当客人到达宴会厅时，宴会（　　）要面带微笑、主动热情地向客人问好，表示欢迎，并引导客人到休息室休息。

A. 服务员　　B. 迎宾员　　C. 引领员　　D. 领班

5. 宴会服务操作时避免（　　）。

A. 三轻一快　　B. 左右开弓　　C. 托盘服务　　D. 及时小结

6. 举行国宴时，国旗悬挂按照国际惯例来进行。一般来宾方的国旗需要悬挂在东道主国的（　　）。

A. 左侧　　B. 右侧　　C. 上方　　D. 下方

三、判断题

1. 宴会服务是宴会各个部门全体员工共同努力，密切配合而完成的工作。（　　）

2. 突出主台的方法有以下两种：一是利用主桌直径比其他餐桌大突出主台；二是利用主桌台布颜色不同来突出主台。（　　）

3. 单桌宴会的餐桌应布置在宴会厅的正中间，顶灯对准桌子中心。（　　）

4. 三桌宴会的餐桌应视宴会厅的形状或门的方位来布置成横一字形或竖一字形。（　　）

5. 九桌宴会的台形可设计成正方形或一二三三的形状。（　　）

6. 接到宴会通知单后，餐厅管理人员和服务人员应做到“八知”“三了解”。（　　）

7. 一般便宴的上菜口应选择在翻译和陪同之间。（　　）

8. 中餐宴会上菜完毕后即可为客人提供结账服务。（　　）

四、简答题

1. 进行宴会厅场地布置时，可通过哪些方式突出宴会主题？

2. 宴会准备工作包括哪些内容？

3. 宴会准备工作中的全面检查包括哪些内容？

4. 宴会服务的注意事项有哪些？

5. 如何为宴会客人提供正确的上菜服务？

6. 宴会服务的收尾工作包括哪些环节？

第四节　西餐宴会服务

一、名词解释

西餐宴会

二、填空题

1. 一般20人以下的西餐宴会可选择一字形台、____________和____________。

2. 有40人左右参加的西餐宴会，台型布置时可选择U形台、____________和____________。

3. 人数超过60人的西餐宴会，可根据宴会厅形状选择教室形台、____________和____________等。

4. 西餐宴会场地一般由____________与____________两个部分组成。

5. 西餐宴会开席前____________，宴会厅负责人带领一定数量的服务员或迎宾员提前来到餐厅门口迎候来宾。

6. 西餐服务中，待客人坐定后服务人员应收下席位卡，并为其打开席巾铺好，将水杯注入____________的冰水。

三、选择题

1. 西餐宴会选用（　　）时，注意其横向长度比竖向长度短一些。

　A. U形台　　B. T形台　　C. 豪华台　　D. 马蹄形台

2. 一般情况下，（　　）人左右的宴会可选择E形台和梳子形台。

　A. 20　　B. 40　　C. 60　　D. 80

3. 西餐宴会摆设餐台时无论采用哪种台型，都需注意餐桌间距离不少于（　　）厘米。

　A. 100　　B. 150　　C. 200　　D. 220

4. 西餐宴会开餐前（　　）分钟需做好酒水的餐前准备，如检查酒水质量、冰镇、滗酒、温酒等。

　A. 5　　B. 10　　C. 15　　D. 20

5. 西餐宴会开餐前（　　）分钟上齐面包和黄油。面包放在面包盘中，注意客人的面包数量应一致，黄油盅摆在面包盘上方。

　A. 5　　B. 10　　C. 15　　D. 20

6. 参加宴会服务的人员通过（　　）掌握主要菜式的风味特点，主料、配料及烹调方法。

　A. 领导交代　　B. 宴会菜单　　C. 宴会通知单　　D. 厨师长

四、判断题

1. 西餐宴会摆台时，餐椅间距离不少于 20 厘米。 （ ）

2. 西餐宴会在开餐前 20 分钟内，需要将一切准备工作做好。 （ ）

3. 西餐宴会开餐前 5 分钟上齐开胃品。 （ ）

4. 西餐宴会结束后，应主动征求来宾或陪同人员意见，认真小结接待工作。 （ ）

5. 与中餐宴会服务一样，西餐宴会总指挥或餐厅主管应通过讲解或下达任务单的方法，使宴会工作人员熟悉宴会通知单内容。 （ ）

五、简答题

1. 西餐宴会服务的基本环节包括哪些？

2. 西餐宴会如何进行工作台的设置？

3. 西餐宴会通知单内容一般包括什么？

第五节　冷餐会和鸡尾酒会

一、名词解释

1. 冷餐会

2. 鸡尾酒会

二、填空题

1. 冷餐会席间气氛轻松活跃，有____________、____________和贵宾设座、其他客人不设座三种形式。

2. 冷餐会的场景布置有中式情调、____________和________________三种，但都要注意因时因地，因人而异，目的是突出宴会主题。

3. 冷餐会开始前____________将所有食品、酒水等分类，整齐摆放在设计好的餐台、吧台上。

4. 在正式宴会开始前举行的鸡尾酒会又称为____________。

5. 鸡尾酒会的酒水以____________、____________为主，另外再加上一些果汁、汽水等软饮料，一般不供应烈性酒和较复杂的鸡尾酒。

6. 酒会中的每一个吧台需配备服务人员________人，专门负责将客人要喝的酒水饮料斟倒在合适的杯具里，由客人自取或服务员用托盘进行托送敬让。

7. ____________的音乐一般采用轻音乐或背景音乐，节奏轻快。

三、选择题

1. 冷餐会举办每次约（　　）分钟。

A. 30　　B. 60　　C. 90　　D. 120

2. 冷餐会的点心水果台可圆可方，一般（　　）人设置一个。

A. 20～30　　B. 30～40　　C. 40～50　　D. 50～60

3. 冷餐会的酒水饮料台多设置在宴会厅的四角，一般（　　）人设置一个。

A. 40～60　　B. 50～70　　C. 60～80　　D. 70～90

4. 冷餐会收餐台常用小圆桌和小方桌，一般（　　）人设置一个。

A. 20～40　　B. 30～50　　C. 40～60　　D. 50～70

5. 鸡尾酒会的服务人员一般以一人服务（　　）位客人的比例配备，专门负责用托盘托送酒水、照管和托送菜点、收拾会场等。

A. 10～15　　B. 15～20　　C. 20～25　　D. 25～30

6. 在冷餐会进行中，（　　）用托盘巡回敬送酒水，清洁餐台，补充餐具和用品，分送纪念品，请客人留言，礼貌道别等。

A. 酒水台服务员　　B. 菜台服务员　　C. 迎宾员　　D. 区域巡视员

四、判断题

1. 鸡尾酒会席间气氛轻松活跃，适合于庆典、纪念节日、商务活动和招待大型团队等。（　　）

2. 举办冷餐会的时间一般是中午 12：00—2：00 或晚 6：00—8：00。（　　）

3. 冷餐会举办场地不受限制，室内室外均可。（　　）

4. 冷餐会与鸡尾酒会相比，则显得更为简单和随便。（　　）

5. 鸡尾酒会不设座椅，不用安排席位，客人站着就餐饮酒，也可在室内随意走动，广泛交际。（　　）

6. 鸡尾酒会举行时间灵活，一般与正式宴会时间错开或安排在正式宴会的前面。（　　）

7. 鸡尾酒会进程简单，时间一般控制在半小时之内。（　　）

8. 冷餐会一般由某一团体或个人出面组织主办，未持请柬者谢绝入内。（　　）

五、简答题

1. 冷餐会的特点有哪些？

2. 鸡尾酒会的服务程序是什么？

3. 冷餐会服务人员的职责各是什么？

4. 鸡尾酒会的特点有哪些？

5. 冷餐会的餐中服务包括哪些内容？

第六节　会 议 服 务

一、名词解释

会议服务

二、填空题

1. 布置会议现场时，需要在合适的位置设置会场______________。

2. 进行会议检查时，重点检查____________、____________等准备内容是否齐全、有无漏项等。

3. 会中服务要根据会议召开的具体情况进行，以____________客人为第一原则。

4. 会议结束后，会议室服务人员应及时打开窗户或排风扇进行通风换气，保持会场______________的清新。

5. 进行________________时要充分考虑会议主办方的意见和建议，并结合本会议室的具体情况出具最优方案。

6. 会议服务的准备工作包含掌握会议情况、______________、______________和检查会议准备情况等。

7. 向主办方主办人员汇报会议情况、______________、______________、征求意见、说明情况。

三、选择题

1. 摆放会议用品时主要考虑（　　）。
   A. 会议的档次　B. 客人的需要　C. 场地布置要求　D. 会议服务需要
2. （　　）是为客人留下良好第一印象的最佳时机。
   A. 会议准备　B. 会议场地布置　C. 会议检查　D. 引领客人
3. 客人入座后（　　）分钟内需倒上茶水，递上香巾。
   A. 1　B. 2　C. 3　D. 4
4. 会议进行中，每隔（　　）分钟，及时为客人增添茶水。
   A. 5～10　B. 10～15　C. 15～20　D. 25～30
5. 会前检查包括提前（　　）分钟打开会议室等内容。
   A. 10　B. 20　C. 30　D. 60

四、判断题

1. 做好会议准备工作将会使会议服务变得更加顺利。（　　）
2. 布置会议现场时，应根据会议需要悬挂条幅、会标以及欢迎语等。（　　）
3. 布置会议现场时需要为客人摆放鲜花和食品。（　　）
4. 会议现场布置时，需要做好临时出会场客人的引领服务。（　　）
5. 会议服务的应急情况处理包括火灾疏散、禁坐电梯、失窃等。（　　）
6. 会议服务结束后，需要召开总结专题会，参加人员为部门经理。（　　）
7. 提供会议服务时，为了保证服务质量，需提前泡好少量茶水。（　　）
8. 会议中要特别关注主席台客人的香巾、饮品、果盘等使用情况，及时添加。（　　）

五、简答题

1. 会议服务的会前检查包括什么内容？

2. 会后服务一般包括什么内容？

3. 会议结束工作包括什么内容？

4. 如何布置会议现场？

5. 会议服务时，摆放的会议用品主要包括什么内容？

第六章　菜单知识

第一节　菜单的种类与作用

一、名词解释

1. 团体套餐菜单

2. 即时性菜单

3. 早餐菜单

4. 客房送餐服务

二、填空题

1. ________是餐饮服务生产和销售活动的依据，是餐饮服务最重要的推销工具。

2. 正确认识菜单的重要________是合理制订菜单的前提。

3. 在拟定菜单时，有一项重要的工作就是做________，以确保饭店正常经营。

4. 套餐菜单常见的有普通套餐菜单、________和________三种。

5. ______是欧美地区较流行的一种菜单，用餐时间介于早餐与午餐之间，一般用清淡可口的早点搭配少许较丰盛的菜肴，同时解决客人的午餐问题。

6. ________若以西式菜单出现，则可以是简单的咖啡或茶搭配一块蛋糕或几片饼干。

7. 与固定菜单相比，________菜单较易设计得丰富多彩，客人和员工都不会感到菜式单调，客人对菜式品种的要求容易得到满足。

三、选择题

1.（　　）适用于旅游饭店的各类正餐厅、风味餐厅、咖啡厅等。

A. 早餐菜单　　B. 套餐菜单　　C. 即时性菜单　　D. 零点菜单

2. 西餐菜单常以（　　）分类和排列，如开胃菜、汤类、沙拉类、海鲜类、肉类、甜品等。

A. 进餐顺序　　B. 进餐内容　　C. 烹饪方式　　D. 食用方式

3. 中餐菜单常以（　　）分类，如冷盘、肉类、海鲜类、禽类、面点类、汤类等。

A. 进餐顺序　　B. 食品内容　　C. 烹饪方式　　D. 食用方式

4. 规模较小的餐饮企业，如自助餐馆等，经常选用（　　）。

A. 早餐菜单　　B. 套餐菜单　　C. 即时性菜单　　D. 零点菜单

5.（　　）具有清淡、量小、价格比较低等特点，菜肴以风味小吃为主。

A. 夜餐菜单　　B. 早餐菜单　　C. 午餐餐单　　D. 晚餐菜单

6.（　　）若以中式菜单出现，大多是一壶茶搭配两三样小点心。

A. 夜餐菜单　　B. 早午餐菜单　　C. 午茶菜单　　D. 早餐菜单

7. 使用（　　）的餐厅一般要求就餐客人人数较多而且经常流动，这种菜单对于用餐者相对稳定的餐厅则不适用。

A. 固定菜单　　B. 循环菜单　　C. 混合式菜单　　D. 宴会菜单

四、判断题

1. 菜单是饭店餐饮部门为客人提供的食品和饮料的项目清单。（　　）
2. 菜单成本核算做得好与坏，直接影响餐饮企业的经济效益。（　　）
3. 中国南方地区较流行早午餐菜单。（　　）
4. 欧美人非常重视午餐，常把午餐称为正餐。（　　）
5. 零点菜单的价格档次较宽，能迎合不同层次的客人的需求。（　　）
6. 宴会菜单是零点菜单和套餐菜单两者的结合。（　　）
7. 增加餐饮收入与餐饮利润是饭店餐饮部的主要目标。（　　）

五、简答题

1. 菜单的作用是什么？

2. 根据企业的经营策略分类，可将菜单分为哪些类型？

3. 拟定宴席菜单时需要注意哪些问题？

4. 固定菜单具有哪些优点和缺点？

5. 简述即时性菜单的优点和缺点。

第二节　菜单内容编排

一、填空题

1. 一份完整的菜单通常由菜品的名称和价格、________________、________________和餐厅的背景资料四个部分组成。

2. 菜品的______________能帮助提高客人点菜的兴趣，从而有力地促进销售。

3. 在菜单的布局上，重点菜品应放在菜单的______________。

4. 菜单的尺寸大小应根据______________、______________而定，与餐厅面积、餐桌大小和座位空间相协调。

5. 美国餐厅协会调查结果表明，菜单最理想的尺寸为______________。

二、选择题

1. 一般情况下，单页菜单的（　　）最受客人注意，因此在编制菜单时，应设法把那些重点推销的菜品安排在最显眼的位置。

A. 中央部位　　B. 上半部　　C. 下半部　　D. 右上角

2. （　　）是餐厅菜单的主角。没有它们，就可能无法很好地突出餐饮特色和餐饮档次。

A. 头菜　　B. 重点菜点　　C. 汤品　　D. 热菜类

3. （　　）应以横线将菜单对分，菜单的上半部是重点推销区。

A. 单页菜单　　B. 对折菜单　　C. 三折菜单　　D. 四页菜单

4. （　　）的右上角为重点推销区，应安排重要菜肴。

A. 单页菜单　　B. 对折菜单　　C. 三折菜单　　D. 四页菜单

5. 使用（　　）时，中页的中部是最显眼之处，应列上餐厅最需要推销的菜品。

A. 单页菜单　　B. 对折菜单　　C. 三折菜单　　D. 四页菜单

6. （　　）印在轻巧、便宜的纸上，不必考虑纸张的耐油、耐磨等性能，多用于客房送餐菜单、快餐厅菜单、早餐菜单等。

A. 一次性菜单　　B. 长久性菜单　　C. 即时性菜单　　D. 零餐菜点

7. （　　）多用于正餐菜单，应当选用质地精良、厚实的重磅覆膜纸，使用时间长，价格较高。

A. 宴会菜单　　B. 一次性菜单　　C. 长久性菜单　　D. 即时性菜单

三、判断题

1. 菜品在菜单上的位置对于菜品的推销有很大的影响。（　　）

2. 三折菜单的右首页中央部位以及四页菜单的第二页和第三页，最容易引起客人注意，适合安排主要菜品。（　　）

3. 菜单可分为一次性和长久性两种。（　　）

4. 在确定菜单尺寸时，一要使客人拿起来方便，二要与本餐厅销售的食品、饮料品种的多少相适应。（　　）

5. 菜单设计时每页纸上文字占总篇幅的面积不能超过 30%。（　　）

6. 选用色纸能使菜单显得更精美，且不增加印刷成本。（　　）

四、简答题

1. 根据国际菜单法规，菜品品名和价格必须要具有真实性。这种真实性包括什么内容？

2. 设计菜单时，菜品的选择原则是什么？

3. 一份完整的菜单必须包括哪些内容？

4. 菜单上的告示性信息指的是什么？包括什么内容？

5. 在进行菜单编排时，应如何突出重点菜品？

第三节　宴会菜单

一、填空题

1. 宴会菜肴设计不同于一般的菜点设计，它必须以突出________为中心，以________为导向进行设计，并且要遵循一定的原则。

2. 宴席价格的确定方法一般有两种：一种是________，另一种是________。

3. 宴会基本情况包括________、________以及宴会的规模三个因素。

4. 一般情况下，在理想膳食中，碳水化合物含量应占________。

5. 设计宴席菜单有两大步骤：一是选出合适的菜肴；二是将这些菜肴________。

6. 一般情况下，每道菜肴分量应以每人平均能吃到________左右净料为原则。

二、选择题

1. 选择鱼类菜肴时，要考虑鱼类的最佳食用期。如鲫鱼、鲤鱼、鲢鱼、鳜鱼等的最佳食用期为（　　）月。

A. 2～4　　B. 4～6　　C. 6～7　　D. 9～10

2. 设计宴席菜肴要注重营养搭配。一般情况下，在理想膳食中，脂肪含量应占（　　）。

A. 7%～25%　　B. 60%～70%　　C. 12%～14%　　D. 20%～30%

3. 根据节令的变化，人们比较喜欢在冬春季节饮（　　），制作菜肴多用（　　）以及火锅等。

A. 白酒；烧、扒　　B. 白酒；炒菜、冷盘

C. 啤酒；烧、扒　　D. 啤酒；炒菜、冷盘

4. 根据节令的变化，人们比较喜欢在夏秋季节饮（　　），制作菜肴多用（　　），调味清淡，偏重鲜香。

A. 白酒；烧、扒　　B. 白酒；炒菜、冷盘

C. 啤酒；烧、扒　　D. 啤酒；炒菜、冷盘

5. 一般情况下，在理想膳食中，蛋白质的含量应占（　　）。

A. 7%～25%　　B. 60%～70%　　C. 12%～14%　　D. 20%～30%

三、判断题

1. 饭店在宴席预订时，最好要掌握人均消费标准，并以此为依据，进行菜单设计。（　　）

2. 宴席价格标准的高低决定了宴席的整体效果。（　　）

3. 鳝鱼的最佳食用期是小暑。（　　）

4. “春季酸味出头，夏季清淡微苦，秋季适中偏辣，冬季浓重多咸”一直是我国餐饮业按照季节变化调配口味的主导方向。（　　）

5. 必用菜肴是整桌宴席的主角，没有它们，宴席就不能枝干分明。（　　）

四、简答题

1. 宴会菜肴的选用原则是什么？

2. 宴会菜肴的设计程序是什么？

3．设计宴会菜单时，应该怎样确定必用菜肴？

4．在进行宴会菜单制作时，应该考虑哪些内容？

第七章　餐厅服务管理

第一节　餐厅卫生知识

一、填空题

1. 餐饮从业人员上岗之前必须到当地防疫站进行____________，待各项指标合格并取得卫生检疫机构颁发的健康证后方可上岗。

2. 对清洗后的餐具可采用____________、____________、红外线、紫外线等物理方式消毒，也可采用消毒剂进行化学消毒，并在储存中保证清洁无菌、无污染。

3. 在生产与经营过程中，为了保证食品的质量，冷藏室温度应控制在____________之间。

二、选择题

1. 餐饮从业人员应该定期进行体检，一般（　　）一次，确认身体健康并取得卫生检疫机构颁发的健康证才能继续从事餐饮工作。

A. 每月　　B. 半年　　C. 每年　　D. 两年

2. 餐厅服务人员应该勤剪指甲，指甲长度不得超过（　　）厘米；不得涂指甲油；指甲缝里不得有明显的污垢。

A. 0.1　　B. 0.2　　C. 0.3　　D. 0.4

3. 男士不得留超过衣领的长发，不得留鬓角，不得留超过（　　）厘米的胡须。

A. 0.1　　B. 0.2　　C. 0.3　　D. 0.4

4. 在生产与经营过程中，为了保证食品的质量，冷冻室温度应控制（　　）以下。

A. −30℃　　B. −20℃　　C. −18℃　　D. −15℃

5. 在生产与经营过程中，为了保证食品的质量和员工的身体健康，厨房和餐厅相对湿度应该保持在（　　）。

A. 30%～40%　　B. 50%～60%　　C. 40%～65%　　D. 40%～50%

三、判断题

1. 餐饮部是饭店唯一生产实物产品的部门，它把食物通过销售和服务直接提供给客人消费，服务过程较长。（　　）

2. 餐具、用品都必须进行严格的消毒，要求做到：一刮、二洗、三冲、四消毒、五保洁。（　　）

3. 在生产与经营过程中，为了保证食品的质量和员工的身体健康，厨房和餐厅平均温

度一般要保持在 18～28℃。 (　　)

4. 餐厅应采用自然光线或荧光灯为室内提供充足、自然的光线，避免对食品颜色产生错觉。 (　　)

四、简答题

1. 餐厅的餐具及用品卫生应符合什么要求？

2. 餐厅工作人员的卫生要求有哪些？

第二节　餐厅安全管理

一、名词解释

食物中毒

二、填空题

1. 餐厅安全管理要求餐厅全体工作人员上岗前必须通过______________培训。
2. 副溶血性弧菌又称为______________，广泛生长在海水中。
3. 对含__________较多的鱼类，应注意烹调方法，减轻其毒性。

三、选择题

1. 食物中毒的一般潜伏期在（　　）小时以内。

A. 12　　B. 24　　C. 24～48　　D. 12～24

2. 食物中毒的大部分病人的症状相似，多为（　　）。

A. 急性胃肠炎症状　B. 恶心　　　　C. 呕吐　　　　D. 头晕

3. 烹调马铃薯时加些醋，以破坏（　　）。

A. 龙葵碱　　　　B. 黄曲霉素　　　C. 草酸　　　　D. 真菌毒素

4.（　　）是一种容易感染到人的身体内外的细菌，该细菌本身没有毒素。

A. 葡萄球菌　　　B. 黄曲霉素　　　C. 草酸　　　　D. 真菌毒素

5.（　　）主要是随泥土或动物粪便污染食品，它的生长繁殖需在无氧情况下厌氧生长。

A. 葡萄球菌　　　B. 肉毒杆菌　　　C. 沙门氏菌　　D. 真菌毒素

四、判断题

1. 餐饮工作中凡登高、下低、搬运重物等必须由他人协助，避免一人独立操作。（　　）

2. 海产品、海盐以及海盐腌制的食品都是致病菌的媒介。（　　）

3. 当客人发生食物中毒时，服务员应及时从厨房设备上取一些标本送化验室化验。（　　）

4. 马铃薯应在低温、无阳光直射的场所储存。（　　）

5. 有毒食物主要指食物本身有毒素或发生变化而产生毒素，食用后导致过敏反应、腹泻呕吐，甚至死亡。（　　）

6. 生鲜的家禽肉类、家畜肉类以及各种蛋乳品等，都是沙门氏菌的污染媒介。（　　）

7. 黄曲霉毒素是黄曲霉菌的代谢产物，具有较强的致癌性。（　　）

五、简答题

1. 员工工作安全包括哪些内容？

2. 食物中毒有什么特点？

3. 餐饮工作人员烫（烧）伤时应该怎么处理？

4. 餐厅中发现客人吵架、打架时应该怎么处理？

5. 细菌性食物中毒的预防包括哪些内容？

6. 如何预防化学性食物中毒？

7. 针对食物中毒事故的基本处理步骤是什么？

第三节 餐厅营销

一、名词解释

1. 餐厅服务推销

2. 网络营销

二、填空题

1. 餐厅环境营销主要抓住三个环节来开展工作：突出主题，反映餐饮风格；装饰美观，形成＿＿＿＿＿＿＿＿；格调高雅，体现餐厅＿＿＿＿＿＿＿＿。

2. ＿＿＿＿＿＿＿＿是餐厅环境布置的主调和灵魂，它反映餐厅的总体形象，形成餐厅风格。

3. 餐厅＿＿＿＿＿＿＿＿的优劣直接影响着餐厅对客人的吸引力，影响着客人的就餐情趣和满意程度。

4. ＿＿＿＿＿＿是一种有效的营销形式。这种方法是利用视觉效应，激起客人的购买欲望，吸引客人进入餐厅就餐，并且刺激客人追加点菜。

5. 常见的食品展示营销方法有原料展示营销、＿＿＿＿＿＿＿＿、＿＿＿＿＿＿＿和推车服务营销四种。

6. 餐厅产品营销方式包括食品展示营销、＿＿＿＿＿＿＿、＿＿＿＿＿＿＿＿和网络营销等四种。

7. 季节性营销活动最常见的是＿＿＿＿＿＿＿＿＿的营销。

8. 特殊时间营销包括节日营销、＿＿＿＿＿＿＿＿、＿＿＿＿＿＿＿＿和食品节营销等。

三、选择题

1. 餐厅营销语言“先生，我们有椰汁、芒果汁、可口可乐，请问您需要哪一种?”使用的是（　　）。

A. 选择问句法　　B. 语言加法　　C. 语言减法　　D. 借人之口法

2. 餐厅营销语言“‘×××’虽然要 60 元一份，但 6 个人平均下来不过 10 元钱，您只需花 10 元钱就可以品尝到正宗的‘×××’。”使用的是（　　）。

A. 选择问句法　　B. 语言加法　　C. 语言减法　　D. 借人之口法

3. 餐厅营销语言“客人们都反映我们这里的‘×××’做得很好，您愿意来一份吗?”

使用的是（　　）。

A. 选择问句法　　B. 语言加法　　C. 语言减法　　D. 借人之口法

4.（　　）多用于快餐厅，在档次较高的餐厅可以将甜点、沙拉陈列在玻璃冷柜中，营销效果较好。

A. 原料展示营销　　B. 成品陈列营销　　C. 现场烹制营销　　D. 推车服务营销

5.（　　）的菜品多半是价格不贵且放置后质量不易下降的冷菜、小菜、点心、糕点等。

A. 原料展示营销　　B. 成品陈列营销　　C. 现场烹制营销　　D. 推车服务营销

6.（　　）既是网络营销的基本职能，又是一种实用的操作手段。

A. 建立网站　　B. 网络产品　　C. 信息发布　　D. 网络评价

四、判断题

1. 一个餐厅应该设法营造适应经营范围和经营方式的气氛和情调。（　　）

2. "您一直这么关照我们的生意，今晚我特意介绍一味好菜给您，这是刚买回来的……"采用的是赞誉法的推销语言。（　　）

3. "武昌鱼只有武汉一带的长江水域中才有，您如果现在不尝尝，回国之后将很难有机会尝到了！"采用的是亲近法的推销语言。（　　）

4. 网络营销就是以互联网为主要手段进行的，为达到一定营销目的的营销活动。（　　）

5. 网络营销要根据餐厅的经营状况和库存情况制定合适的网络营销产品。（　　）

6. 网络营销时，如果出现不好的评价信息，企业要及时回复仔细询问情况，进行补救。（　　）

7. 宴会营销是销售产品、提供服务的快捷途径。（　　）

五、简答题

1. 做好餐厅服务营销工作，餐厅服务员要注意什么？

2. 网络营销需要哪几个步骤？

3. 常见的食品展示营销方法包括哪些？

第四节　餐厅用具和设备的使用与保养

一、填空题

1. 金属餐具按功能区分，可以分为扁平餐具、____________及____________。

2. 金属餐具按照材质区分，可以分为____________和____________。

3. ____________的作用就是在地板打蜡后磨光。

4. ________________操作简便，效果很好，适用于各种餐具、茶具、玻璃器皿的消毒，多为安装有锅炉的餐厅使用。

5. ________________法只限于消毒不耐热的餐具，如玻璃器皿等。

二、选择题

1.（　　）是餐厅服务的主要用具。

A. 瓷器餐具　　B. 不锈钢餐具　　C. 银器餐具　　D. 各类水晶杯

2. 餐厅使用煮沸消毒法时，需要将餐具置于沸水中煮沸（　　）分钟。

A. 10～15　　B. 15～20　　C. 15～30　　D. 20～30

3. 为了保持家具表面色泽明亮，应该（　　）个月左右为其打蜡上光一次。

A. 3　　B. 6　　C. 12　　D. 18

4. 餐厅使用高锰酸钾溶液消毒法消毒时，需要将高锰酸钾用温开水配制成千分之一的溶液，将已经洗净的餐具放在溶液中浸泡（　　）分钟即可。

A. 5～10　　B. 10～15　　C. 15～20　　D. 25～30

5.（　　）是目前比较常见的消毒方法，要求电子消毒设备内温度要达到120℃，持续30分钟，用前再取出。

A. 煮沸消毒法　　B. 高锰酸钾溶液消毒法

C. 电子消毒法　　D. 蒸汽消毒法

6.（　　）就是将已经洗净的餐具放入万分之五的新鲜漂白粉溶液中，浸泡5～10分钟后，再用清水冲净即可达到消毒的目的。

A. 高锰酸钾溶液消毒法　　B. 漂白粉溶液消毒法

C. 新洁尔灭消毒法　　D. 煮沸消毒法

三、判断题

1. 餐厅使用的不锈钢餐具是贵重餐具，保存时必须分类分档，登记造册。 ( )
2. 银器餐具长期不用时，颜色会变黑，所以要定期彻底擦洗。 ( )
3. 擦洗银器通常使用银粉。 ( )
4. 餐厅常用的布草主要包括台布、餐巾、毛巾、窗帘等。 ( )
5. 木制家具在冬天可以摆放在靠近暖气片（或暖气机）的地方。 ( )
6. 煮沸消毒法适用于玻璃器皿，而且经济实用、简便易行，为许多餐厅所采用。 ( )
7. 餐厅的布草应轮换使用，以减轻其破损和避免久放发脆。 ( )

四、简答题

1. 餐厅常用的服务车有哪些？使用时的注意事项是什么？

2. 餐厅常见餐具的使用和保养需要做到哪几方面？

3. 餐厅使用的家具一般包括什么？它们在保养需要注意哪些问题？

第五节　客人投诉处理程序

一、填空题

1. 投诉产生的原因主要有两方面，一是________，二是客人个人原因。

2. 在处理投诉时，最重要的是要掌握____________原则。

3. 处理投诉一定要兼顾____________和____________双方的利益。

4. 要处理好客人的投诉，就要掌握客人投诉的三种心态，即___________、_________、求补偿。

5. 受理客人投诉时，餐厅服务员或管理人员应有正确的态度，做到_______________、_______________。

二、判断题

1. 在处理投诉时，若属于客人有意刁难，应客观分析，妥善处理。 （　　）

2. 处理投诉通常情况下无须硬分对错，客人满意、餐厅可以接受即可。 （　　）

3. 在处理投诉时不要随便做出任何承诺，特别是不能做出超出自己权利范围的承诺，一旦承诺无法兑现，极易引起二次投诉。 （　　）

4. 在处理客人投诉时，要正确地理解客人的意思，尊重客人，给客人发泄的机会，不要与客人进行无谓的争辩。 （　　）

三、简答题

1. 由于餐厅自身问题引起客人的投诉主要包括哪些方面？

2. 作为餐厅服务员或管理人员应如何受理客人投诉？